Elvis Presley

AF202625

Wo waren *Sie*, als Elvis starb?

Photographien aus den besten Jahren
des King of Rock'n Roll 1954–1960

Mit einem Text von Lester Bangs

Schirmer/Mosel

Für Angelika Döttinger

Der Essay von Lester Bangs erschien unter dem Titel
»Where Were You When Elvis Died"« erstmals am
29. August 1977 in *Village Voice*.
Er wurde von Thomas Knie aus dem Amerikanischen übersetzt.
Bildlegenden von Daniel Dreier

© für den Text von Lester Bangs 1990 by The Estate of Lester Bangs
© 1990/2017 by Schirmer/Mosel München

Dieses Werk einschließlich aller seiner Teile ist urheberrechtlich geschützt.
Sämtliche Arten der Vervielfältigung oder der Wiedergabe dieses Werkes sind
ohne vorherige Zustimmung des Verlages unzulässig und strafbar. Dies gilt für alle
Arten der Nutzung, insbesondere für den Nachdruck von Texten und Bildern,
deren Vortrag, Aufführung und Vorführung, die Übersetzung, die Verfilmung,
die Mikroverfilmung, die Sendung und die Einspeicherung und Verarbeitung
in elektronischen Medien. Zuwiderhandlungen werden verfolgt.

Satz: Typograph, München
Lithos, Druck und Bindung: EBS, Verona

ISBN 978-3-8296-0827-5
Eine Schirmer/Mosel Produktion

Elvis Presley
Wo waren *Sie*, als Elvis starb?

Viele Sänger sind seit dem ersten Jahrzehnt des Rock'n'Roll populär geworden, aber nur einer von ihnen unsterblich: Elvis Presley (8. Januar 1935–16. August 1977). Seine Auftritte waren reinstes Dynamit: exaltiert, revolutionär und sexy – bevor die Armee ihn disziplinierte und Hollywoods Vermarktungsmaschinerie diesen Rohdiamanten zum Industrieprodukt zurechtschliff.

In seinen frühen Jahren, etwa von 1954 bis 1960, hatte Elvis noch die ungebändigte Kraft und den proletarischen Charme des Südstaatenjungen. Damit war er der Mann der Stunde, der Amerikas prüde Unterhaltungsindustrie um sexuelle Phantasien bereicherte, der mit einem einzigen Hüftschwung die geheimen Wünsche von Millionen Teenagern verkörpern konnte und die ersten Massenhysterien der Pop-Geschichte auslöste. Weit davon entfernt, den verordneten »Tugenden« der Nixon-Ära zu entsprechen, wurde er in dieser rebellischen Frühphase seines Ruhms zum eigentlichen Wegbereiter der Jugendrevolte. Dass er letztlich weder dem Ruhm noch dem Status als Idol und Ikone gewachsen war, störte seine Fans wenig – für sie war und bleibt Elvis Presley für alle Zeiten unsterblich.

Der einführende Text stammt aus der Feder des legendären Musikkritikers Lester Bangs (1949–1982), dessen brillante Essays – u. a. für die Szenemagazine *Rolling Stone*, *Creem* und *Village Voice* – zu den originellsten und einflussreichsten Pop-Kritiken der 1970er Jahre gehörten. Unter dem Titel »Wo waren *Sie*, als Elvis starb?« beschwört er hier einen unvergesslichen Moment weltweiter kollektiver Trauer und liefert die treffendste Würdigung von Werk und Wirkung des »King of Rock'n'Roll«.

120 Seiten, 64 Abbildungen in Duotone und Farbe

Elvis Presley, das Mikrophon und die Zuhörer fest im Griff, in typischer Pose bei einem seiner frühren Auftritte in Florida, 1956. Photographiert von Jay B. Leviton

»Elvis ist mein Mann«

Janis Joplin

»Noch in zweihundert Jahren wird man über
Elvis Presley sprechen«

Wolfman Jack

»Niemand hat mich wirklich berührt außer Elvis«

John Lennon

Lester Bangs

Wo waren *Sie,* als Elvis starb?

Wo waren *Sie* als Elvis starb? Was haben Sie da gerade gemacht, und für welchen Zeitvertreib haben Sie seinen Tod als Ausrede benutzt? Darüber werden wir uns künftig unterhalten, wenn wir uns an dieses bedeutsame Ereignis erinnern. Wie bei Pearl Harbor oder dem Kennedy-Mord bleiben letztlich nur individuelle Erinnerungen daran zurück, und vielleicht muß das auch so sein, denn trotz seiner großen Bedeutung etc. pp. hat Elvis uns allesamt stets genauso allein gelassen, wie er selbst es war; also er war wahrhaftig kein Mann des Volkes mehr, wenn Sie verstehen, auf was ich hinaus will. Wenn nicht, dann werde ich noch ein bißchen weiter ausholen, mich von Elvis ab- und der Frage zuwenden, warum unsere Idole eigentlich immer nur unsere Einsamkeit zu zementieren scheinen.

Das Publikum zu verachten ist die Todsünde eines jeden Künstlers. Wer sie begeht, wird irgendwann zum Gespött derer werden, die er mit Füßen getreten hat, ob er nun ewig lebt wie Andy Bleichgesicht Warhol oder modisch früh stirbt wie Lenny Bruce, Jimi Hendrix, Janis Joplin, Charlie Parker oder Billie Holiday. Deren Ende unterschied sich von Elvis' Tod in zweierlei (während ihre Drogenkarrieren einigermaßen ähnlich verliefen): sie alle starben als gesellschaftliche Außenseiter, und keiner von ihnen hatte sein Publikum als gottgegeben betrachtet. Das macht es mir noch ein bißchen schwerer, in Elvis eine tragische Gestalt zu sehen; für mich gleicht er eher dem Pentagon, einer gigantischen abgeschirmten Institution, von der keiner etwas weiß, außer, daß ihre Macht legendär ist. Klar, daß wir Elvis alle lieber mochten als das Pentagon, aber Sie merken sicher schon, was für eine platte Ausflucht das ist. Am Ende spiegelte sich Elvis' Verachtung für seine Fans — bekundet in Gestalt »neuer« Alben mit lauter bereits veröffentlichten Stücken plus einem neuen Song darauf, damit wir Trottel sie auch ja alle kauften — in jener Verachtung wider, die wir mehr oder weniger insgeheim für diesen Mann empfanden, der gottgleicher gewesen war als Carlos Castaneda, bis der Wehrdienst ihn gebändigt und als den dummen Schnösel entlarvt hatte, der er von Anfang an gewesen war. Und blöde, wie wir sind, haben wir seitdem, fast zwei Jahrzehnte lang, darauf gewartet, daß er wieder den Wilden herauskehren würde, und wahrscheinlich wußte er im tiefsten Herzensgrunde besser als irgendeiner von uns, daß das nie geschehen würde, weil sein Herzensgrund ganz offenkundig nicht unser kollektiver Herzensgrund war und er selbst ebenso offenkundig bloß ein armer, dummer Südstaaten-Junge mit einem Übervater von Manager, der ihn vor der Welt abschirmte und alles von ihm fernhielt, was an seinem Status des großen Wickelkindes, das die Familie ernährt, hätte rütteln können, und schlußendlich, weil zumindest Rock-Kritiker ihn perverserweise noch für seine abgrundtiefe Verachtung gegenüber allen feierten, denen etwas an ihm lag.

Und Elvis *war* pervers; nur ein echter Perversling konnte so etwas herausbringen wie *Having Fun With Elvis On Stage,* dieses 1974 oder so erschienene Album, auf dem sich *ausschließlich* pausenfüllendes Bühnengeplapper von einer dermaßenen Redundanz befand, daß es selbst Willi Burroughs und Gert Stein die Schamröte ins Gesicht getrieben hätte. Elvis hat schon die Langeweile vermarktet, als Andy Warhol noch Schuhreklame machte, doch er beging die Sünde, nicht zu merken, daß seine Fans mitnichten pervers waren — sie liebten ihn vorbehaltlos; ganz gleich, mit welchem Seim er sie berieselte, sie schleckten ihn pflichtschuldigst auf, und deshalb tun mir all diese armen Idioten viel mehr leid als Elvis. Also für wen können sie denn heutzutage noch den ganzen Abend im Regen stehen? Es ist keiner mehr da, und die eigentliche Tragödie ist die, daß eine ganze Generation sich weigert, von ihrer Jugend Abschied zu nehmen, obwohl sie längst spürt, wie ihr menopausales Bäuchlein zu sprießen beginnt und ihr Haar über den Horizont entschwindet – samt Elvis und allem anderen, an das sie einst zu glauben meinte. Wird ihr in fünf Jahren noch etwas an dem liegen, was er in den letzten zwanzig getrieben hat?

Gewiß ist Elvis' Tod ein eher beiläufiger, ironischer Mollakkord in der allgemeinen Zukunftsangst-Leier, und vielleicht ist sein Abgang insofern ganz bezeichnend, als die siebziger Jahre durchweg nichts als Wiederaufgewärmtes und brutale Entzauberung zu bieten hatten; dieser Tage taten sich drei von Elvis' ehemaligen Leibwächtern mit so einem Schmierfink von der New Yorker *Post* zusammen und verbrachen ein Buch, aus dem uns der ganze Unflat entgegenspritzte, nach dem wir uns so lange gesehnt hatten. Elvis war unsere letzte heilige Kuh, die öffentlich geschlachtet wurde; jeder weiß doch, daß Keith Richard auf Heroin steht, aber wenn Elvis vollgedröhnt die Bühne betrat, munkelte keiner etwas wie »Amphetamine...«

In gewisser Hinsicht war das gut und schlecht zugleich, gut, weil Elvis seine Mitmenschen nicht zu der Annahme verleitete, es sei cool, wie ein wandelndes Arzneimittelhandbuch herumzulaufen, und schlecht, weil er jene Nixonsche »Tugend« der Verschwiegenheit repräsentierte, die in den USA einige Jahre lang als Kern des amerikanischen Wesens verkauft wurde. Man könnte in Elvis mit gewissem Recht nicht nur ein Phänomen sehen, das in den fünfziger Jahren jäh in Erscheinung trat und den Ausbruch aus dem seelischen Käfig in den Sechzigern vorbereiten half, sondern primär eine genaue kulturelle Entsprechung dessen, was die Nixon-Ära kennzeichnete. Nicht, daß sein Stern zu der Zeit höher gestanden hätte, aber seine Vorliebe für das zurückgezogene Leben eines Potentaten erlaubte es ihm, seinen Fans ungestraft wenn schon nicht den Garaus zu machen, so doch immerhin, sie symbolisch zu vergewaltigen, im Klartext: es stünde uns allen gut an, einmal darüber nachzudenken, ob wir ihm zum Abschied nicht mit ausgestrecktem Mittelfinger winken sollten.

Ich erfuhr von Elvis' Tod, während ich mit einem befreundeten Musikjournalisten biertrinkenderweise auf dessen Feuerleiter über der 21. Straße in Chelsea saß. Chelsea ist ein angenehmes Viertel; ungeachtet der Tatsache, daß die Verrückte, die über meinem Freund wohnt, ihn Tag und Nacht mit ihren an niemand Bestimmten gerichteten Schimpftiraden wachhält, bleibt er dort wohnen, weil er die Atmosphäre gemeinschaftlicher Vielfalt in dieser Nachbarschaft schätzt: In seinem Haus wohnen in der Wolle gefärbte Altkommunisten neben Menschen jeglicher Rasse und Couleur, eben solchen, die gern in den großen Topf der »ethnischen Gruppen« geworfen werden. Als wir das mit Elvis hörten, wußten wir, daß eine Totenfeier angebracht war, also ging ich los, um im nächsten Laden noch einen Karton Bier zu besorgen. Als ich aus dem Haus trat, kam ich an ein paar Latinos vorbei, die vor der Tür herumhingen. »Schon gehört? Elvis ist tot!« sagte ich zu ihnen. Sie musterten mich mit verächtlichem Desinteresse. Na *und?* Vielleicht hätte ich ihnen eine Reaktion entlockt, wenn ich ihnen erzählt hätte, Donna Summer sei tot; ich erinnere mich gut, daß ich einmal in einem T-Shirt mit dem Aufdruck »Disco ist doof« durch diese Nachbarschaft lief und dabei ein breites Kielwasser unwilligen Gemurres hinter mir her zog, was bloß beweist, daß Elvis nicht mehr für jedermann der derzeitige König des Rock' n Roll ist, ja daß nicht einmal mehr der Rock' n Roll für jedermann die derzeit angesagte Musik ist. Mittlerweile sucht sich eben jeder anständige Bürger seinen eigenen versponnenen Winkel, in dem er ausflippen kann: Während die Sechziger äußerst narzißtisch waren, dominierte in den Siebzigern der Solipsismus, und das erweist sich nirgendwo deutlicher als in der Welt der sogenannten »populären«, der Pop-Musik. Und vielleicht war Elvis der größte Solipsist überhaupt.
In dem Laden verlangte ich zwei Sechserpacks und tat dem Mann hinter der Theke die Neuigkeit kund. Er schien ungefähr fünfzig Jahre alt zu sein, wurde grau, hatte eine dicke Wampe, aber noch Leben im Blick, und er sagte: »Mist, so ein Jammer.

Jetzt können wir wohl nur noch hoffen, daß die Beatles sich wieder zusammentun...«
Fünfzig Jahre alt.
Ich meinte, damit wäre in meinen Augen der Tiefpunkt der Menschheitsgeschichte erreicht, und im übrigen sollten die Stones sich jetzt am besten auch gleich trennen und uns weitere Peinlichkeiten ersparen.
Er lachte und erklärte mir den Weg zu einem Fleischer ein Stück die Straße runter. Dort stellte ich dem Verkäufer die gleiche Frage wie den anderen zuvor. Er war ebenfalls um die Fünfzig, und er meinte: »Wissen Sie was? Mir doch egal, ob dieser Schweinehund tot ist. '73 in Vegas bin ich mal mit meiner Frau in ein Konzert von ihm gegangen, wir haben pro Nase vierzehn Dollar bezahlt, und er trat auf und sang zwanzig Minuten lang. Dann fiel er hin. Er stand wieder auf und sang noch ein paar Stücke, dann fiel er wieder hin. Schließlich sagte er: ›Ach, was soll's, ich kann genausogut im Sitzen singen.‹ Also hockte er sich auf die Bühne und erkundigte sich bei der Band, welchen Song sie als nächstes spielen wollten, aber noch bevor jemand antworten konnte, fing er an, sich über die Scheinwerfer zu beschweren. ›Die sind zu grell‹, sagt er. ›Sie blenden mich. Macht sie aus, oder ich singe keinen Ton mehr.‹ Und sie tun es. Also sitzen ich und meine Frau in völliger Finsternis und hören diesem Burschen zu, wie er Songs singt, die wir kennen und lieben, und wenn es nur seine gottverdammten alten Songs gewesen wären, aber er hat sie auch noch komplett *verpfuscht*. Der Scheißkerl. Ich will ja nicht behaupten, daß ich mich über seinen Tod freue, aber eines weiß ich: Als ich mir damals Elvis Presley angesehen hab', hab' ich mich einseifen lassen.«
Das einzige Mal, als ich Elvis gesehen habe, habe ich mich auch einseifen lassen, aber auf ganz andere Art und Weise. Das war im Herbst 1971, und in der Redaktion der Zeitschrift *Creem*, für die ich damals arbeitete, tauchten zwei Eintrittskarten für eine Elvis-Show auf. Es wurde beschlossen, daß diejenigen Mit-

arbeiter, die noch nie das Privileg genossen hatten, Elvis live zu erleben, sie bekommen sollten, und so landeten schließlich Art Director Charlie Auringer und ich in einer der vordersten Sitzreihen der größten Halle von Detroit. Charlie hatte noch gesagt: »Weißt du eigentlich, wieviel wir kriegen könnten, wenn wir diese verdammten Dinger verkaufen würden?« Ich wußte es nicht, wurde mir aber ihres wahren Wertes in dem Augenblick bewußt, als Elvis auf die Bühne schlenderte. Außer ihm habe ich noch nie einen Sänger zu Gesicht bekommen, der mich sexuell stimulierte; es war keine richtige Erregung, eher eine Erektion des Herzens: wenn ich ihn ansah, trieben mich Sehnsucht und Neid, Ehrfurcht und Identifikationsdrang zur Raserei. Also selbst Mick Jagger, den ich schon 1964 und dann noch zweimal '65 gesehen hatte, kam da nicht entfernt mit.

Da stand Elvis, kostümiert mit diesem lächerlichen weißen Anzug, in dem er aussah wie eine Zwingburg aus König Arthurs Zeiten. Er war zu dick, und seine Gürtelschnalle war so groß wie Ihr Kopf, bloß daß Ihr Kopf nicht aus reinem Gold ist, und jeder Geringere hätte in diesem Aufzug wie die Karikatur eines Neil Diamond-Verschnitts ausgesehen, doch Elvis stand er. Was stand ihm nicht? Egal, wie lausig seine Platten wurden, egal, wie sehr er sich der Mittelmäßigkeit verschrieb, stets deutete sich noch etwas an, blitzte noch etwas auf aus jenen Tagen, als... na, ich habe sie nicht erlebt, deshalb will ich mir keinen Kommentar dazu anmaßen. Nur soviel sei gesagt: Elvis Presley war der Mann, der die Unterhaltungskunst in Amerika (mithin also das Land selbst, denn »Unterhaltungskunst« und »Amerika« in ein und demselben Satz zu erwähnen, ist schon beinahe eine Tautologie) um die nackte, krasse, vulgäre sexuelle Ekstase bereicherte. Es ist behauptet worden, er sei der erste Weiße gewesen, der wie ein Schwarzer gesungen habe, was rein faktisch nicht stimmt, hinsichtlich der kulturellen Auswirkungen jedoch ganz richtig ist. Entscheidender ist allerdings, daß in dem Augenblick, als Elvis begann, mit den Hüften zu wackeln, und Ed Sullivan sich weigerte, das im Fernsehen zu zeigen, die gesamte Nation einem heftigen Anfall sexueller Frustration erlag, gefolgt von nachhaltiger Unzufriedenheit, die ihren Gipfelpunkt mit dem jähen Entstehen einer psychedelisch-militanten folkloristischen Kultur erreichte: das waren die Sechziger. Also nun kommen Sie mir nicht mit Lenny Bruce, Mensch — Lenny Bruce gab in aller Öffentlichkeit Anstößiges von sich und machte sich gewissermaßen freiwillig zum Märtyrer. Außerdem war Lenny Bruce hip, zu gottverdammt hip, wenn Sie mich fragen, und das brach ihm das Genick, während Elvis mitnichten hip war. Elvis war ein gottverdammter Lastwagenfahrer, der seine Mutter anbetete und in ihrer Nähe niemals Scheiße oder Ficken gesagt hätte, und doch stieß Elvis Amerika mit der Nase auf die Tatsache, daß es einen Unterleib hatte, dessen kategorische Forderungen unerfüllt geblieben waren. Lenny Bruce zeigte, wie weit man es in einer so repressiven Gesellschaft wie der unsrigen treiben konnte und wieviel sie einem durchgehen ließ, wohingegen Elvis mit Schlagern wie *How Much Is That Doggie In The Window* aufräumte und sie durch »Let's fuck« ersetzte. Unter der Wucht dieses Schlages taumeln wir alle noch heute. Gegenwärtig herrscht sexuelles Chaos, aber aus dessen Strom könnten dereinst echtes Verständnis und Harmonie entspringen; wie dem auch sei, Elvis hat fast im Alleingang die Schleusen geöffnet. An jenem Abend in Detroit, einem Abend, den ich nie vergessen werde, brauchte er nur das kleinste bißchen mit einem Schultermuskel zu zucken, nicht einmal mit den Achseln, und schon schrien die von seinem Bannstrahl getroffenen Mädchen im Rang auf, fielen in Ohnmacht und heulten vor Erregung. Jedesmal, wenn dieser Mann irgendeinen Körperteil auch nur um den Bruchteil eines Zentimeters bewegte, gerieten zehn oder zehntausend Leute buchstäblich außer Rand und Band. Sinatra, Jagger, die Beatles — auch Ihnen fällt bestimmt keiner ein, der jemals eine solche Massenhysterie ausgelöst hätte. Und das nach anderthalb Jahrzehnten beschissener Platten, Jahrzehnten, in denen Elvis es darauf anlegte, sich ja nicht zu überanstrengen.

Sollte die Liebe wirklich für immer aus der Mode kommen, was ich nicht glaube, dann wird sich zu unserem allseits gepflegten Desinteresse an unseren Mitmenschen ein noch verächtlicheres Desinteresse an unseren jeweiligen Objekten der Verehrung hinzugesellen. Ich fand, es war Iggy Stooge, Sie fanden, es war Joni Mitchell oder wer auch immer Ihre persönlichen, oft schmerzlichen und selten ekstatischen Lebensumstände an einem genau definierten Punkt musikalisch am besten zu beschreiben schien. So werden wir uns weiter vereinzeln, weil im Augenblick alles für den Solipsismus spricht; er ist ein König, dessen Macht selbst die von Elvis übertrifft. Aber eines kann ich Ihnen garantieren: Nie wieder werden wir uns über etwas so einig sein wie über Elvis. Deshalb mache ich mir jetzt gar nicht die Mühe, mich von seinem Leichnam zu verabschieden. Ich verabschiede mich lieber von Ihnen.

Photographien 1954–1960

Oben: Elvis im Alter von siebzehn Jahren mit Freunden in Memphis, Tennessee. Er ist dort Schüler der L. C. Humes High School, die er 1953 verlassen wird. Die Gitarre, die ihm seine Mutter im frühen Kindesalter schenkte, die Gospelmusik der Kirchengemeinde und der unaufhörliche Fluß der Country-Musik aus den Programmen der örtlichen Radiostationen sind die wesentlichen Inspirationsquellen des Heranwachsenden.

Elvis mit seinem Jugendfreund Jimmy Velvet, der nach dem Tod des Sängers in Memphis die wohl größte Sammlung von Presley-Erinnerungsstücken zusammentrug und ein Elvis Presley-Museum gründete.

War die erste Schallplatte im Spätsommer 1953 noch eine Eigenpressung *(My Happiness* und *That's When Your Heartaches Begin)* als Geburtstagsgeschenk für die über alles verehrte Mutter, so kommen die Dinge im darauffolgenden Sommer 1954 in atemberaubender Weise in Gang.

Am 5. Juli 1954 nimmt Elvis, nach seinem Schulabgang als Aushilfskraftfahrer beschäftigt, im Sun Studio von Sam Phillips in Memphis mit seinen Freunden Bill Black (Bass) und Scotty Moore (Gitarre) den Song *That's All Right (Mama)* auf. Um der Wahrheit die Ehre zu geben, hatte sich Elvis bereits seit Anfang 1953 mehrfach in periodischen Abständen bemüht, die Aufmerksamkeit von Sam Phillips durch eingespielte Probebänder zu wecken. Mit seiner Aufnahme vom 5. Juli gelingt es ihm. Am 7. Juli spielt die örtliche Radiostation in der Samstagabend-Musiksendung »Red Hot and Blue« diese Aufnahme. Der Diskjockey kann sich danach der telefonischen Hörerwünsche nicht erwehren und muß den Titel dreizehnmal hintereinander spielen. Der Erfolg ist so umwerfend, daß man sofort nach dem Sänger schickt, um ihn zu einem Interview zu bitten. Der Instinkt des Publikums war untrüglich, was man leicht nachprüfen kann, wenn man diese Aufnahme heute wieder hört (sie ist in einem Zusammenschnitt aller Aufnahmen von Elvis für Sun Records als LP – The Complete Sun Sessions – zu haben). Am darauffolgenden Montag schließen sich Elvis, Scotty Moore und Bill Black zu der Gruppe Blue Moon Boys zusammen. Eine Woche später ist die Platte *That's All Right (Mama)* mit *Blue Moon of Kentucky* als Rückseite auf dem Markt (Sun Records 209). In den folgenden zwölf Monaten tingelt Elvis mit seiner Gruppe durch die Kleinstädte und Landgemeinden des Südens und Südwestens der USA. Er wird zunächst als »Hillbilly Cat and the Blue Moon Boys« angekündigt. Von Auftritt zu Auftritt wächst der Sturm der Begeisterung, erst zu einem handfesten Orkan, dann zu einer Massenhysterie ohnegleichen. Wie ein Blitz aus heiterem Himmel trifft Elvis Amerika und die Welt. Der achtzehn Monate später, im Januar 1956, aufgenommene Song *Heartbreak Hotel* wird sein erster Welthit.

Die Krone des zukünftigen »King of Rock'n Roll« ist seine Haarpracht. Mit der Musik gehen auf der Bühne auch die Haare los.

Zunächst sehen aber die Haare des jungen Erfolgsburschen eher aus, als seien sie mit dem Rasenmäher geschnitten worden. Das Bild zeigt Elvis auf seinem ersten offiziellen Pressephoto, das kurz nach dem Erfolg von That's All Right (Mama) *1954 entstand. Anklänge an die Welt der Fernfahrer sind ebenso unübersehbar wie der proletarische Charme unseres Helden, den ein Ansager bei einem Auftritt im Oktober 1954 dem Publikum noch als den »Liberace des armen Mannes« vorführte (»the poor man's Liberace«).*

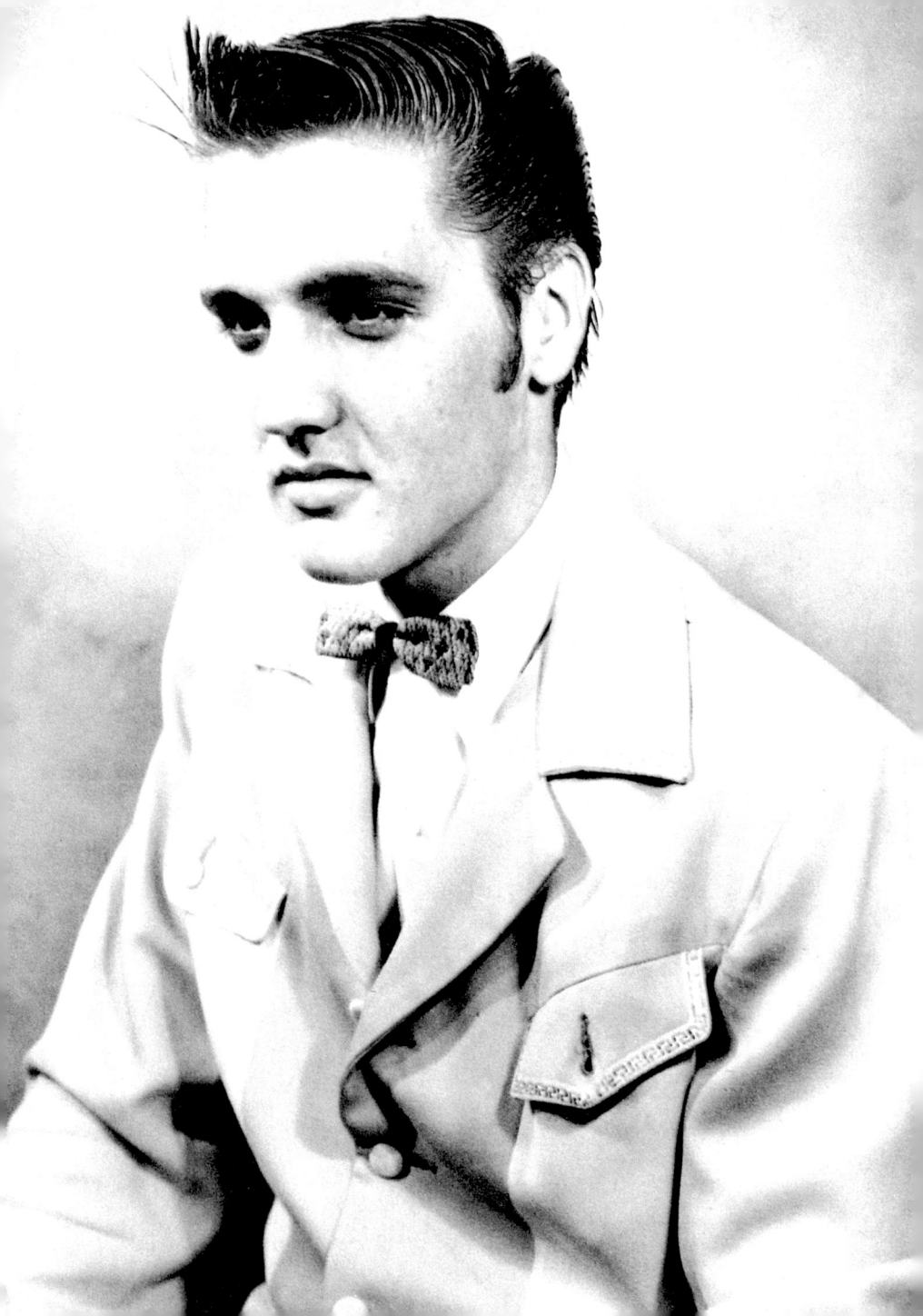

Im Amerika der Rassentrennung, die speziell in Tennessee in den fünfziger Jahren noch strikt aufrechterhalten war, hatte man noch nie einen weißen Mann derartig singen hören. Wenn er »Hillbilly Cat« genannt wurde, so hieß das eigentlich so viel wie »der weiße Schwarze«.

Rechts: Elvis in typischer Pose: Ein moderner Troubadour, wie aus dem Comic Strip, mit dem brutalen Charme der Landstraße. Seine Lieder sind ebenso explosiv und vulgär wie zärtlich und gefühlvoll; unüberhörbar sind ihre sexuellen Obertöne. All das trägt Elvis mit der Unschuldsmiene des netten Jungen von nebenan vor.

Folgende Seiten: »Außer ihm habe ich noch nie einen Sänger zu Gesicht bekommen, der mich sexuell stimulierte; es war keine richtige Erregung, eher eine Erektion des Herzens: wenn ich ihn ansah, trieben mich Sehnsucht und Neid, Ehrfurcht und Identifikationsdrang zur Raserei.« So beschreibt Lester Bangs einen Auftritt von Elvis Presley 1971. Was mag da erst in den magischen Jahren 1955 und 1956 los gewesen sein? Einen optischen Eindruck vermittelt die Photosequenz eines Auftritts aus dieser Zeit auf den folgenden Doppelseiten. Musikalisch entstand durch die von Auftritt zu Auftritt perfektioniertere Verschmelzung von Rhythm'n Blues und Countrymusic-Elementen etwas Epochales, Neues: der Rock'n Roll. Nimmt man Elvis' eigene Worte, ist zunächst nicht ganz klar, ob es sich dabei um eine neue Musikrichtung oder um eine Form kollektiver, motorischer Bewegung handelt: »Rock'n roll music, if you like it and if you feel it, you can't help but move to it. That's what happens to me. I can't help it.«

Um noch einmal Lester Bangs zu zitieren: »Elvis Presley war der Mann, der die Unterhaltungskunst in Amerika (mithin also das Land selbst...) um die nackte, krasse, vulgäre sexuelle Ekstase bereicherte.« Elvis dagegen kommentierte die Erregung, die er auslöste, selbstbewußt und kühl: In Jacksonville (1955) beendete er seinen Auftritt mit einem ironisch-provokanten »Mädchen, ich seh' euch dann alle hinter der Bühne«. Das löste — wie nicht anders zu erwarten — einen allgemeinen Aufstand aus. Vierzehntausend Mädchen flippten aus und Elvis verlor wesentliche Teile seiner Garderobe. Dies schien den jungen »King« keinesfalls grundsätzlich zu irritieren, sondern wurde bald kalkulierter Teil seiner spektakulären Auftritte. »Es stört mich nicht, wenn mir die Fans das Hemd vom Rücken reißen, immerhin haben sie es vorher dorthin befördert.« So beschreibt Elvis die eigenartige Weise des Gebens und Nehmens, die sich zwischen den Fans und ihrem Idol bald eingebürgert hatte.

Rechts: Ein UPI-Photo vom 22. Juni 1956 zeigt Elvis in typischer Manier: Während die eine Hand das Mikrophon würgt, sucht die andere mit ausgestrecktem Zeigefinger den Kontakt zum Publikum. Federnde Beinarbeit und das Elektrokabel zeigen, daß das Medium und seine Geräte unter Strom stehen — die Botschaft kann fließen. In der Eleganz der Pose erinnert dieses Bild ein wenig an die späteren Auftritte des Boxers Cassius Clay.

Folgende Doppelseite: Vor und nach jedem Konzert stundenlang das gleiche Ritual: Autogramme für die Fans, 1956.

Rechts und folgende Seiten: Das Pressephoto, das Elvis auf den beiden vorhergehen-
den Seiten so ausgiebig verteilt, entstand, wie auch die beiden folgenden Bilder,
1955 im Studio des in Memphis ansässigen ehemaligen Hollywood-Photographen
William Speer. Das für Publicity-Zwecke von dieser Sitzung ausgewählte Photo
(rechts) zeigt Elvis eher untypisch introvertiert und in der Pose des Latin Lover.
Was wunder, daß die amerikanischen Zeitungen ihn bald den »singenden Valenti-
no« nennen. Der Photograph William Speer, der Elvis überredete, sich auch mit
unbedecktem Oberkörper ablichten zu lassen, fühlte sich eher an den jungen Burt
Lancaster erinnert.

Übernächste Doppelseite: Kein Zweifel, der junge Mann ist sich seiner körperlichen
Vorzüge wohl bewußt und stellt sie selbstverliebt zur Schau. Da, wie er seit lan-
gem weiß, Heiterkeit jede erotische Aura zerstört, gibt er sich — ganz Profi, der
er ist — bei solchen Phototerminen nachdenklich, ernst, verträumt.

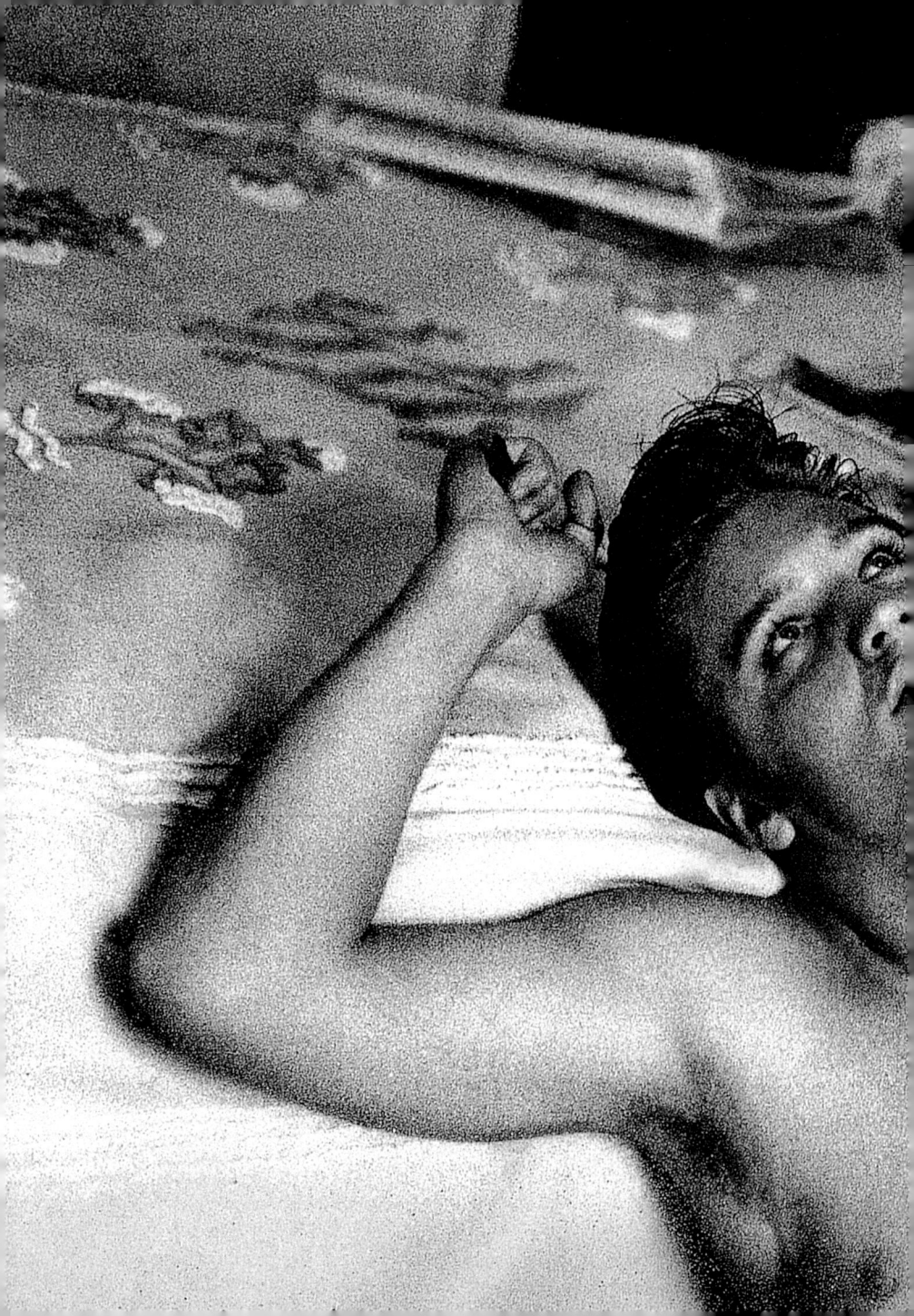

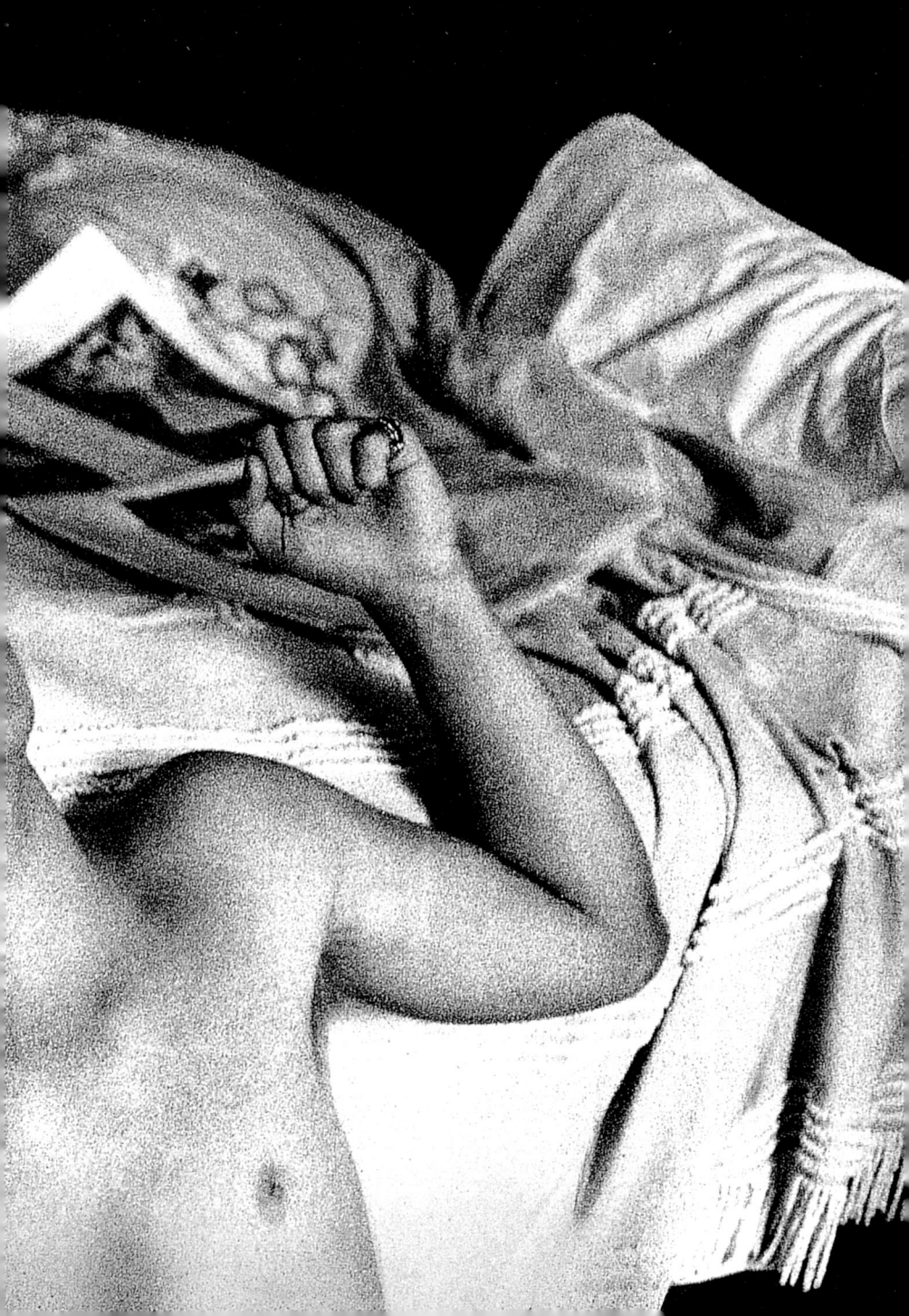

Das Jahr 1956 bringt nicht nur den großen Durchbruch, es ist der Gipfel der gigantischen Karriere schlechthin. Im Januar nimmt Elvis mit *Heartbreak Hotel* seinen ersten Welthit auf. Im selben Jahr werden noch *Hound Dog, Don't Be Cruel* und *Love Me Tender* folgen. Am 28. Januar tritt er erstmals im Rahmen der »Stage Show« der Dorsey Brothers im überregionalen US-Fernsehen auf. Weitere Auftritte in der Milton Berle Show (am 3. April und 5. Juni 1956) und der Ed Sullivan Show (am 9. September und 28. Oktober 1956), die im ganzen Land gesehen werden können, machen Elvis zu einer nationalen Institution. Die staatlichen Autoritäten sind über den gewaltigen Sprung des erotisch aufgeladenen Entertainers in die Wohnstuben und Kinderzimmer und seine offensichtlich enthemmende Wirkung daselbst in höchstem Maße besorgt. Der Fernsehkritiker der *New York Times,* Jack Gould, gewinnt dem schrecklichen Ereignis widerwillig aber auch eine gute Seite ab, indem er schreibt: »Langfristig wird Elvis uns vielleicht einen Gefallen tun, weil er die Notwendigkeit einer früheren Sexualerziehung aufzeigt.« Wohl wahr.

Am 1. April 1956, einem Sonntag, beginnen Probeaufnahmen in Hollywood. Der erste Elvis Presley-Film *Love Me Tender* hat bereits am folgenden 15. November Premiere. Der Film wird im ganzen Land mit fünfhundert Kopien (normalerweise sind es zwei- bis dreihundert) gestartet und spielt innerhalb von drei Tagen seine Produktionskosten wieder ein.

Rechts: Elvis während seines ersten Amerika-weiten Fernsehauftritts in der »Stage Show« der Dorsey Brothers. Auch in Gesellschaftsanzug und Fliege ist sein Charme unschlagbar. Kritiker beschreiben seine Wirkung auf das Publikum als überwältigend und hypnotisierend.

Folgende Doppelseite: Elvis am Swimmingpool seines Hotels in Las Vegas (rechts). Im April/Mai 1956 hatte er ein mehrwöchiges, nicht recht glückliches Engagement im New Frontier Hotel in Las Vegas. Seine Rock'n Roll-Darbietungen stießen nicht auf die ungeteilte Gegenliebe des eher älteren Publikums.

Vorhergehende Seiten:
Links: Publicity-Photo.
Rechts: Elvis Presley mit seinem Manager Colonel Parker, der ihn seit Mitte 1955 betreut, bei der Probe für seinen Auftritt in der Milton Berle Fernsehshow am 5. Juni 1956. Hinter ihm im Tigerkleid der zweite Gaststar der Show, die Schauspielerin Irish McCalla.

Rechts: Das Bild gibt William Speer recht: es erinnert in der Tat ein wenig an den jungen Burt Lancaster.

*Ein Publicity-Photo; es zeigt Elvis' klassisches Profil. Tatsächlich sind seine
Gesichtszüge von besonderem Ebenmaß, so daß der Vergleich mit griechischen
Skulpturen, der häufig gezogen wird, nicht gänzlich aus der Luft gegriffen ist.*

*Folgende Doppelseiten: Nach seinem sensationellen Fernsehauftritt in der Ed Sullivan
Show, die von fast sechzig Millionen Amerikanern gesehen wird, kehrt Elvis in
seine Geburtsstadt Tupelo, Mississippi, zurück, um dort im Rahmen der Mississippi-
Alabama Fair and Dairy Show zwei Open Air-Konzerte zu geben. Die Heimkehr
des berühmten Sohnes verlief triumphal. Zwischen der Matinee und der Abendvor-
stellung hielt Elvis in Begleitung seiner Eltern Hof. Das dunkelblaue Hemd, das er
bei diesem Auftritt trug, hatte Mutter Gladys selbst geschneidert. — Der Auftritt
verlief nicht ohne sentimentale Erinnerung, denn als zehnjähriger Schüler war
Elvis bereits einmal bei einem Kinderwettbewerb der Fair aufgetreten und hatte für
sein Lied Old Shep den zweiten Preis bekommen: fünf Dollar in bar und für
einen Tag freie Fahrt auf allen Karussells.*

Rechts und folgende Doppelseite: »Louisiana Hayride« war eine Radioshow für Countrymusic, die jeden Samstagabend zwischen 20 und 23 Uhr vom Sender KWKH aus dem Shreveport Municipal Auditorium übertragen wurde. Die Show wurde gewöhnlich von mehr als hundertneunzig Rundfunkstationen im Süden der USA übernommen. In der Zeit vom 16. Oktober 1954 bis 16. Dezember 1956 trat Elvis insgesamt fünfzigmal in dieser Show auf. Das erste Mal sang er seine ersten Hits That's All Right (Mama) *und* Blue Moon of Kentucky.
Unsere beiden Bilder zeigen Elvis bei seinem letzten Auftritt in der Show, einer Wohltätigkeitsveranstaltung für den CVJM Shreveport am 16. Dezember 1956. Im Hintergrund der Schlagzeuger D.J. Fontana, der seit einiger Zeit zu Elvis' Begleitband gehörte.

Bis zu dem Moment, da Hollywood in Gestalt des Produzenten Hal B. Wallis und seines Teams Hand an Elvis legte, trug Elvis allein die Verantwortung für sein künstlerisches Auftreten. Von der Musik und den Arrangements bis zur Frisur, von der Wahl der Kleidung bis zur Choreographie seiner Auftritte war alles von ihm selbst ausgesucht, erfunden oder aus den verschiedensten Einflüssen synthetisiert: Elvis Presley ist im Frühjahr 1956 ein »König«, ganz aus eigenem Recht und nach eigener Vorstellung. Der Eingriff Hollywoods allerdings glättet den Rohdiamanten zum Industrieprodukt; der Schliff gelingt, ist aber künstlerisch langfristig eher als Verlust zu verbuchen. Die Armee wird später ein übriges tun.

»Als ich mir die Probeaufnahmen anschaute, war ich genauso fasziniert wie damals, als ich Errol Flynn zum ersten Mal auf der Leinwand gesehen habe... Die Kamera liebkoste ihn.«
Der Filmproduzent Hal B. Wallis über die Leinwandwirkung von Elvis.

Rechts: Werbeaufnahmen für den Film Jailhouse Rock.

Vorhergehende Seiten:
Links: Publicity-Photo für den ersten Elvis Presley-Film Love Me Tender, *der in Deutschland unter dem Titel »Pulverdampf und heiße Lieder« gezeigt wird.*
Rechts: Elvis als Frauenheld in schwarzem Leder, eine Rolle, die hier für und von Hollywood effektvoll inszeniert wird.

Rechts: Szenenphoto aus Jailhouse Rock *(»Rhythmus hinter Gittern«), nach* Loving You *(»Gold aus heißer Kehle«) der dritte Film von Elvis. Er hat am 17. Oktober 1957 Premiere und enthält neben dem Titelsong* Jailhouse Rock *die Songs* Treat Me Nice *und* (You're So Square) Baby, I Don't Care, *die ebenfalls Welthits werden.*

Folgende Doppelseite: Choreographie für den Titelsong des Films Jailhouse Rock, *die von Elvis selbst erarbeitet wurde.*

Oben und rechts: Szenenphotos aus Jailhouse Rock. *In schwarzen Hosen und dunklem Pullover — dem berühmten »Baby, I Don't Care«-Pullover — singt Elvis am Swimmingpool* Baby, I Don't Care.

Elvis während der Aufnahmearbeiten für die Songs von Jailhouse Rock *im MGM-Tonstudio in Hollywood, 1957.*

Oben und rechts: Insgesamt wurden sieben Songs für Jailhouse Rock *eingespielt. Das Bild oben zeigt Elvis mit dem Gesangsquartett »The Jordanaires«, einer Country- und Gospelgruppe, deren Hintergrundgesang Elvis seit* Hound Dog *und* Don't Be Cruel *(im Juli 1956) bei Aufnahmen begleitete. Rechts ist der Schlagzeuger D. J. Fontana im Bild.*

Rechts: Elvis als »Golden Boy«, eine Ikone des Elvis-Kults — Pharao Tut-ench-Amun läßt grüßen.

Folgende Doppelseite: Elvis bei einem Konzert in Vancouver, Kanada, am 31. August 1957. Die Jacke des berühmten goldenen Anzugs, die er hier trägt, signalisiert auch den inzwischen gewonnenen Reichtum: Elvis ist mittlerweile dollarmillionenschwer.

Links: 1957 gibt Elvis noch einmal ein Konzert in seinem Geburtsort Tupelo. Nach dem letzten Takt von Hound Dog *muß er unter Polizeischutz fluchtachtig die Bühne verlassen — mehr als zwölftausend Fans sind total aus dem Häuschen.*

Oben: Elvis in inniger Umarmung mit dem RCA-Maskottchen Nipper, das ihm manchmal als Partner dient, wenn er Hound Dog *singt.*

Elvis in seinem berühmten Goldlamé-Tuxedo, den der Filmausstatter Nudie Cohen für ihn angefertigt hat. Das extravagante Stück, dessen Preis auf 10.000 Dollar geschätzt wurde, sollte wohl zeigen, daß Elvis es geschafft hatte. Ein wenig König-Midas-Stimmung kam auf und wurde von der Presse heftig geschürt.

Im März 1957 erwirbt Elvis das Herrenhaus Graceland in Memphis. Die Anschrift lautet heute: 3764 Elvis Presley Boulevard, Memphis / Tennessee 38116.

Das herrschaftliche Haus steht auf einem Hügel im rückwärtigen Mittelpunkt eines etwa zehn Morgen großen Grundstücks mit einem herrlichen Bestand mächtiger Bäume, einer Scheune und einem Tennisplatz. Der gesamte Besitz ist von einer 2,50 m hohen Ziegelsteinmauer umgeben. Den Haupteingang bildet ein großes, notenverziertes schmiedeeisernes Tor. Das Gebäude wurde mit braunem Tennessee-Kalksandstein gebaut und umfaßt dreiundzwanzig Räume, darunter fünf Schlafzimmer. Nach der weiträumigen Eingangshalle befinden sich im Vorderteil des luxuriös ausgestatteten Hauses das Eß-, Wohn- und Musikzimmer. An jeder Wand stehen große, weiße Samtsofas. Die meiste Aufmerksamkeit erregt ein riesiger Flügel in Weiß mit Goldbesatz. Die Vorhänge sind ebenfalls weiß mit Goldfäden durchwirkt. Der flauschige Hirtenteppich ist so tief, daß man seine Schuhe beinahe nicht mehr sehen kann. Im hinteren Teil liegen die Spiel- und Freizeitzimmer. Sie umfassen die Gesamtlänge des Hauses und etwa die Hälfte der Breite. Ein Billardtisch steht in der Mitte des Spielzimmers. An den Wänden hängen Elvis' Schallplatten in Gold und Platin. Die Treppe führt zur Schlafzimmer-Suite und zu den Gästezimmern. Das Schlafzimmer: marineblauer Hirtenteppich, überdimensionales weißes Bett mit eingebauten Telephonen, Sprechanlage, Fernsehüberwachung. Seitlich folgen das Arbeitszimmer und ein Bad, das völlig mit Spiegeln ausgekleidet ist. Sechzehn Fernsehgeräte sind im ganzen Haus verteilt.

Der junge Hausherr vor seinem Anwesen, das er bis zu seinem Tod mit seinen Eltern und seiner Familie bewohnen wird.

Zwei reizvolle Blondinen photographieren Elvis in der Auffahrt zu Graceland, ca. 1958.

Elvis vor dem Eingang des Herrenhauses, das bei Nacht von außen angestrahlt wird.

Elvis' vierter Film ist *King Creole.* Noch bevor er abgedreht ist, erreicht ihn der Einberufungsbescheid der US-Armee. Er bewirkt die Verschiebung der Einberufung um sechzig Tage, so daß der Film noch fertiggestellt werden kann. Am 24. März 1958 beginnt der Armeedienst.

Rechts: Publicity Still für King Creole, *der in Deutschland unter dem Titel »Mein Leben ist der Rhythmus« gezeigt wird. Der Film kommt am 2. Juli 1958 in die amerikanischen Kinos.*

Folgende Doppelseite: Szenenphotos aus King Creole; *Elvis in der Rolle des Danny Fisher.*

Im Tonstudio bei den Aufnahmen der Songs für King Creole — *oben mit dem Regisseur des Films, Michael Curtiz, der mit* Casablanca *(1942) bereits Hollywood-Geschichte gemacht hatte.*

Elvis wird am 24. März 1958 in die US-Army (Serial Number US 53 310 761) eingezogen. Etwa fünfhundert vorwiegend weibliche Bewunderer protestieren kreischend am Kennedy Veterans Hospital, dem offiziellen Armee-Einberufungszentrum. Noch am selben Tag reist Elvis in einem olivgrünen Armeebus − eskortiert von einer langen Autoschlange seiner Fans − mit zwölf anderen Rekruten nach Fort Chaffee, Arkansas. Nach etwa zwei Wochen teilt man ihn der 2. Panzerdivision zu, und er wechselt nach Fort Hood, Texas. Hier beginnt die Grundausbildung. Sein monatliches Gehalt von 400.000 Dollar als Zivilist sinkt auf 78 Dollar als G. I. Aufgrund der Intervention von Colonel Tom Parker, der extra zu General William H. Arnold, dem Kommandeur der 5. Armee, nach Washington geflogen war, erhält Elvis keine Sonderbehandlung und wird nicht den Special Services zugeordnet. Nach der Grundausbildung soll Elvis bei der amerikanischen Armee in Deutschland seinen Wehrdienst ableisten. In den amerikanischen Teil seines Wehrdienstes fällt der überraschende Tod der Mutter, die am 14. August 1958 im Alter von nur 46 Jahren an den Folgen einer Gelbsucht stirbt.

Ein nachdenklicher Elvis an Bord des Truppentransporters »General Randall« beim Auslaufen aus dem Hafen von Brooklyn am 22. September 1958. Die Militärband spielt All Shook Up. *Der Bestimmungsort ist Bremerhaven.*

Oben und rechts: Als die »General Randall« am 1. Oktober 1958 am Kolumbus-Kai in Bremerhaven anlegt, wird Elvis von einer großen Menge deutscher Fans stürmisch begrüßt. Sie begleiten in ihrer Begeisterung den abfahrenden Militärzug, der Elvis und seine Kameraden in die US-Garnison Friedberg in Hessen bringt, wo Elvis für die Dauer seines weiteren Militärdienstes stationiert ist.

Folgende Doppelseite: Elvis bei seiner Ankunft auf dem Kasernengelände Friedberg, 1958.

Vorhergehende Doppelseiten:
Autogramm-Stunde mit Teddybär und in Armeeuniform.
Als Rock'n Roll-Kollege Bill Haley auf Deutschlandtournee ein Konzert in
Stuttgart gibt (29. Oktober 1958), besucht ihn Elvis in der Garderobe.

Die Fans brauchen während der Armeezeit auf ihre Elvis Presley-Hits nicht zu verzichten. Vor der Einberufung bereits aufgenommen, werden sie von seiner Plattenfirma in sorgsam bemessenen Abständen auf den Markt gebracht. Die folgenden Titel erscheinen, während Elvis in der Armee ist: *Wear My Ring Around Your Neck/Doncha' Think It's Time* (April 1958); *Hard Headed Woman/Don't Ask Me Why* (Juni 1958); *I Got Stung/One Night* (Oktober 1958); *(Now and Then There's) A Fool Such as I/I Need Your Love Tonight* (März 1959); *A Big Hunk o' Love/My Wish Came True* (Juli 1959).

Rechts: Elvis in Friedberg, 1959.

Folgende Doppelseite: Am 5. März 1960 wird Elvis nach fast zwei Jahren Dienst aus der Armee entlassen. Das Bild zeigt ihn anläßlich der Pressekonferenz zu diesem Ereignis.

Elvis kommt sichtlich verändert aus der Armee zurück. Auch die Musikszene hat sich gründlich gewandelt. Bezeichnenderweise wird Elvis Presleys Hit *It's Now or Never,* eine amerikanische Version des neapolitanischen Liedes *O sole mio,* im September 1960 von Chubby Checkers *The Twist* von der Spitze der US-Hitparade verdrängt. Eine neue Ära kündigt sich an, die Beatles stehen vor der Tür, denen der »King« kampflos die Musikbühne mit einem letzten Live-Konzert, das er am 25. März 1961 in Honolulu gibt, räumt. Erst im Jahr 1968 wird er ein Comeback wagen.

Rechts: Hollywoods Klatschkolumnistin Hedda Hopper beschreibt zu Beginn der sechziger Jahre die Verwandlung mit den Worten: »Er ist der Star mit den besten Manieren in Hollywood, er hat den Stil seiner Auftritte verbessert und ist entschlossen, ein guter Schauspieler zu werden.« Angesichts des schöpferischen Verfalls, der sich in der nun von Elvis begonnenen B-Film-Karriere dokumentiert, ist John Lennons Bemerkung wohl realistischer: »Elvis starb, als er zur Armee ging.«

Biographische Daten

1935   Elvis Aaron Presley wird am 8. Januar in dem kleinen Städtchen Tupelo im Nordosten des US-Staates Mississippi als Sohn des Land- und Gelegenheitsarbeiters Vernon Elvis Presley und seiner Frau Gladys geboren. Den totgeborenen Zwillingsbrude Jesse Garon begraben die Eltern einen Tag später im Friedhof von Priceville, nordöstlich von Tupelo.

1941   Elvis besucht ab September die East Tupelo Consolidated School.

1945   Elvis gewinnt am 3. Oktober den zweiten Preis in einem Talentwettbewerb der Mississippi-Alabama Fair and Dairy Show.

1946   Seine Eltern schenken ihm eine Gitarre für $ 7,75. Auf dieser übt Elvis jahrelang – zunächst nur mit mäßigem Erfolg. Im Herbst wechselt er in die Milam Junior High School (Tupelo).

1948   Im Zuge der allgemeinen Landflucht ziehen die Presleys am 12. September nach Memphis/Tennessee und bewohnen ein Zweizimmer-Apartment. Die Familie ist sehr arm und wird zumeist vom Sozialamt unterstützt.

1949   Die Presleys ziehen aus dem Zwei- in ein Dreizimmer-Apartment. Elvis besucht die L. C. Humes-High-School, die er 1953 verläßt. Nebenbei, vor allem abends, jobt er, beispielsweise als Platzanweiser in einem Kino und in einer Metallfabrik.

1953   Elvis tritt am 9. April in der Humes High's Annual Minstrel Show auf. Seine Darbietung erhält den meisten Applaus. Ab Juli wird er Lkw-Fahrer bei Crown-Electric. An einem Samstagnachmittag im Spätsommer nimmt er auf eigene Kosten im Memphis Recording Service seine erste Single auf: *My Happiness* und *That's When Your Heartaches Begin.* Er schenkt die Schallplatte seiner Mutter zum Geburtstag.

1954   Anfang Juli bespielt Elvis Presley seine erste offizielle Single bei Sun Records: *That's All Right (Mama)/Blue Moon of Kentucky.* 30. Juli: Erstes Konzert im Overton Park Shell in Memphis. Zahlreiche Auftritte (»Tingeln«) in der Provinz.

1955   14. Februar: »Colonel« Thomas Andrew Parker, ein sehr erfolgreicher Agent in der Unterhaltungsbranche, nimmt sich der Karriere von Elvis an. Sein geschicktes Management bewirkt in den nächsten Jahren den kometenhaften Aufstieg Elvis Presleys zum Superstar (»King«). Wechsel zur Rundfunk- und Schallplattenfirma RCA.

1956   Elvis nimmt Anfang Januar seinen ersten Welthit auf: *Heartbreak Hotel.* Das nationale TV-Debüt folgt am 28. Januar in der »Stage Show« der Dorsey Brothers. Am 15. März wird »Colonel« Thomas A. Parker der offizielle Manager von Elvis. 9. September: Sensationeller TV-Auftritt in der »Ed Sullivan Show«. Am 15. November erscheint der zweite Welthit *Love Me Tender.*

1957   Am 15. Februar gibt RCA bekannt, daß von Elvis Presley bisher acht Millionen Schallplatten verkauft wurden. Im März kauft er die Villa Graceland in Memphis / Tennessee. 17. Oktober: Premiere von *Jailhouse Rock.* Am 26. Dezember schenkt Elvis der National Foundation for Infantile Paralysis eine Lastwagenladung voll Teddy-Bären.

1958   Elvis wird am 24. März unter der Nummer US 53310761 zum Militärdienst eingezogen und nach kurzer Grundausbildung in Fort Hood / Texas nach Friedberg / Hessen versetzt. Am 14. August stirbt seine Mutter Gladys. Er lernt die Tochter des US-Obersten James Wagner, Priscilla Beaulieu (* 25. Mai 1945), kennen.

1960   Am 2. März verläßt Elvis Deutschland. Drei Tage später wird er in Fort Dix aus der Armee entlassen. Sein Vater heiratet am 3. Juli Davada (Dee) Stanley in Huntsville Alabama.

1961   Am 25. Februar (Ellis Auditorium, Memphis) und 25. März (Bloch Arena, Pearl Harbor / Hawaii) zelebriert Elvis Presley wichtige Shows. Danach tritt er bis 1968 nicht mehr öffentlich auf.

1962   Dick Clark widmet Elvis am 8. Januar sein Programm »American Bandstand« aus Anlaß des siebenundzwanzigsten Geburtstags des »King«.

1963   *Love Me Tender* ist der erste Film von Elvis, der am 11. Dezember im Fernsehen gezeigt wird.

1964   Elvis kauft am 30. Januar Franklin D. Roosevelts ehemalige Präsidentenyacht »Potomac« – und schenkt sie dem St. Jude's Children's Hospital.

1965   27. August: Die Beatles besuchen Elvis in seinem Haus in Bel Air.

1967   1. Mai: Elvis und Priscilla Beaulieu heiraten im Aladdin Hotel in Las Vegas. Eine zweite Hochzeitsfeier für Freunde und Angestellte findet am 29. Mai in Graceland statt. Am 29. September wird in Tennessee der Elvis Presley-Tag gefeiert.

1968   1. Februar: Geburt von Lisa Marie Presley. Am 3. Dezember tritt Elvis erstmals seit 1961 wieder öffentlich in einer eigenen TV-Sendung auf: »Elvis«.

1969   31. Juli bis 31. August: Erste Live-Auftritte seit acht Jahren im International Hotel, Las Vegas (57 Shows). Elvis feiert ein grandioses Comeback.

1971   Elvis' Geburtshaus in Tupelo wird am 1. Juni der Öffentlichkeit übergeben. Am 8. September erhält er den Bing Crosby Award.

1972   Elvis und Priscilla trennen sich am 23. Februar.

1973   9. Oktober: Scheidung von Priscilla. Gerüchte über Krankheiten des »King« häufen sich. Gewichtsprobleme werden offensichtlich.

1974	8. Januar: Gouverneur Jimmy Carter, der spätere Präsident der USA, proklamiert den Elvis Presley-Tag in Georgia.
1975	Elvis unterzieht sich am 18. Juni einer Schönheitsoperation (face-lifting) im Mid-South Hospital in Memphis.
1976	Immer häufiger müssen Tourneen abgebrochen werden, weil der Star unter Erschöpfungserscheinungen leidet. Einige Male wird das Photographieren während der Show wegen seines schlechten Aussehens verboten.
1977	29. Mai: Elvis verläßt aus gesundheitlichen Gründen erstmals während eines Konzerts in Baltimore die Bühne. Nach dreißig Minuten kehrt er zurück. 26. Juni: Letzter öffentlicher Auftritt in der Market Square Arena in Indianapolis. Elvis Presley wird am 16. August von seiner Freundin Ginger Alden im Badezimmer der Villa Graceland tot aufgefunden. 18. August: Begräbnis neben seiner Mutter auf dem Forest Hill Cemetery. Die sterblichen Überreste von Elvis und seiner Mutter werden am 2. Oktober nach Graceland überführt.

Discographie der Singles 1954 – 1960

(Die Datierung erfolgt, sofern nicht anders angegeben,
nach der Erstausgabe der Single)

1954   19. Juli: *That's All Right (Mama)* (Arthur Crudup) / *Blue Moon of Kentucky* (Bill Monroe)

25. September: *Good Rockin' Toonight* (Roy Brown) / *I Don't Care If the Sun Don't Shine* (Mack David)

1955   8.Januar: *Milkcow Blues Boogie* (James Arnold) / *You're a Heartbreaker* (Charles Alvin Sallee)

1. April: *Baby, Let's Play House* (Arthur Gunter) / *I'm Left, You're Right, She's Gone* (Stanley Kesler, Bill Taylor)

August: *Mystery Train* (Herman Parker, Sam Phillips) / *I Forgot to Remember to Forget* (Stanley Kesler, Charlie Feathers)

1956   27. Januar: *Heartbreak Hotel* (Tommy Durden) / *I was the One* (Aaron Schroeder, Claude DeMetrius, Hal Blair, Bill Pepper)

Mai: *I Want You, I Need You, I Love You* (Maurice Mysels, Ira Kosloff) / *My Baby Left Me* (Arthur Crudup)

Juli: *Hound Dog* (Jerry Leiber, Mike Stoller) / *Don't Be Cruel* (Otis Blackwell)

3. September (Aufnahmedatum): *Ready Teddy* (John Marascalco) / B-Seite unbespielt (Promotion-Single)

September: *Blue Suede Shoes* (Carl Perkins) / *Tutti Frutti* (Little Richard, Bumps Blackwell); *Blue Moon* (Richard Rodgers, Lorenz Hart) / *Just Because* (Bob Shelton, Joe Shelton, Sid Robin); *I Got a Woman* (Ray Charles) / *I'm Counting on You* (Don Robertson); *Tryin' to Get to You* (Rose Marie McCoy, Margie Singleton) / *I Love You Because* (Leon Payne); *I'll Never Let You Go (Little Darling)* (Jimmy Wakely) / *I'm Gonna Sit Right Down and Cry (Over You)* (Thomas und Howard Biggs); *Shake, Rattle and Roll* (Charles E. Calhoun, Pseudonym von Jesse Stone) / *Lawdy Miss Clawdy* (Lloyd Price); *Money Honey* (Jesse Stone) / *One-Sided Love Affair* (Bill Campbell)

Oktober: *Love Me Tender* (Ken Darby) / *Any Way You Want Me (That's How I Will Be)* (Aaron Schroeder, Cliff Owens)

Dezember: *Old Shep* (Red Foley, Willis Arthur) / B-Seite unbespielt (Promotion-Single)

1957   Januar: *Too Much* (Lee Rosenberg, Bernard Weinman) / *Playing for Keeps* (Stanley A. Kesler)

März: *All Shook Up* (Otis Blackwell) / *That's When Your Heartaches Begin* (William J. Raskin, Billy Hill, Fred Fisher)

Juni: *Teddy Bear* (Kal Mann, Bernie Lowe) / *Loving You* (Jerry Leiber, Mike Stoller)

September: *Jailhouse Rock* (Jerry Leiber, Mike Stoller) / *Treat Me Nice* (Jerry Leiber, Mike Stoller)

Oktober: *Have I Told You Latley That I Love You* (Scott Wiseman) / *Mean Woman Blues* (Claude DeMetrius) (Promotion-Single)

November: *Blue Christmas* (Billy Hayes, Jay Johnson) / *Blue Christmas* (Billy Hayes, Jay Johnson) (Promotion-Single)

1958   Januar: *Don't* (Jerry Leiber, Mike Stoller) / *I Beg of You* (Rose Marie McCoy, Kelly Owens)

April: *Wear My Ring Around Your Neck* (Bert Carroll, Russell Moody) / *Doncha' Thing It's Time* (Clyde Otis, Willie Dixon)

Juni: *Hard Headed Woman* (Claude DeMetrius) / *Don't Ask Me Why* (Fred Wise, Ben Weisman)

Oktober: *I Got Stung* (Haron Schroeder, David Hill) / *One Night* (Dave Bartholomew, Pearl King)

1959   März: *(Now and Then There's) A Fool Such as I* (Bill Trader) / *I Need Your Love Tonight* (Sid Wayne, Bix Reichner)

Juli: *A Big Hunk o' Love* (Aaron Schroeder, Sid Wyche) / *My Wish Came True* (Ivory Joe Hunter)

1960   März: *Stuck on You* (Aaron Schroeder, J. Leslie McFarland) / *Fame and Fortune* (Fred Wise, Ben Weisman)

Juli: *It' Now or Never* (G. Capurro, Eduardo di Capua, Aaron Schroeder, Wally Gold) / *A Mess of Blues* (Doc Pomus, Mort Shuman)

November: *Are You Lonesome Tonight?* (Roy Turk, Lou Handman) / *I Gotta Know* (Paul Evans, Matt Williams)

Filmographie 1956–1958

LOVE ME TENDER
(Pulverdampf und heiße Lieder) Premiere: 15. November 1956
Lieutenant Vance Reno (Richard Egan) und zwei seiner Brüder kehren nach dem amerikanischen Bürgerkrieg (1865) mit geraubten Lohngeldern der Yankee-Armee nach Hause zurück. Dort erwartet Vance eine herbe Enttäuschung: da er seit zwei Jahren für tot gehalten wurde, hat seine Braut inzwischen den jüngsten Bruder, Clint (Elvis Presley), geheiratet. Doch die frühere Liebe blüht wieder auf. Clint wird zum Schluß, nachdem er alle strittigen Punkte bereinigt hat, tödlich verwundet. Seine letzten Worte: »Everything's gonna be all right.«
We're Gonna Move – gesungen auf der Veranda der Renos; *Love Me Tender* folgt nahtlos dem ersten Lied und wird am Schluß des Films wiederholt; *Let Me* – Elvis während einer Gemeinde-Versammlung, die ein neues Schulhaus bauen will; *Poor Boy* schließt sich dem vorangegangenen Song an; außerdem spielt ein Soldat der Unions-Armee auf der Greenwood Railroad Station mit der Harmonika den Song *Beautiful Dreamer.*

LOVING YOU
(Gold aus heißer Kehle) Premiere: 9. Juli 1957
Der junge Lastwagenfahrer Deke Rivers (Elvis Presley) wird von der Presseagentin Glenda Markle (Lizabeth Scott) als Sänger entdeckt und für eine Band unter Vertrag genommen. Mit zunehmendem Erfolg muß er sich zwischen Glenda und der Sängerin der Band, Susan Jessup (Dolores Hart), entscheiden. *Loving You* ist Elvis' erster Farbfilm.
Got a Lot o' Livin' to Do – Elvis mit Tex Warners Band in Delville. Später ertönt der Song während einer Schlägerei als Medley mit *Teddy Bear* und *Hot Dog* aus einer Musikbox. Live ist das Lied nochmals zu hören während eines Bühnenauftritts in Freegate, Texas; *(Let's Have a) Party* – live in Longhorn, Texas, bringt Elvis den Song während einer Tour auch in anderen Städten; *(Let Me Be Your) Teddy Bear* – gesungen in einem Medley mit dem ersten Song und *Hot Dog.* Später live im Grand Theater in Amarillo; *Hot Dog* – gesungen im Medley mit dem vorigen Song und *Got a' Lot o' Livin' to Do.* Später live in Towanda; *Lonesome Cowboy* – live on stage in Rodeo City; *Mean Woman Blues* – Elvis singt diesen Song in der Buckhorn Tavern, begleitet von einer Jukebox; *Loving You* – Elvis singt diesen Titelsong auf Jessups Farm und später im Freegate Civic Auditorium; Dolores Hart singt außerdem *Dancing on a Dare, Detour* und *The Yellow Rose;* Tex Warners »Rough Ridin' Ramblers« spielen *Candy Kisses.*

JAILHOUSE ROCK
(Rhythmus hinter Gittern) Premiere: 17. Oktober 1957
Der temperamentvolle Lastwagenfahrer Vince Everett (Elvis Presley) wird nach einer Schlägerei mit Todesfolge inhaftiert. Sein Zellengenosse ist der ehemalige Schnulzensänger Hunk Houghton (Mickey Shaughnessy), der ihn nach der Entlassung zum Sänger protegiert. Der Erfolg stellt sich aber erst mit Hilfe der jungen Werbeassistentin Peggy Van Alden (Judy Tyler) ein, mit der Vince eine eigene Plattenvertriebsfirma gründet. Das führt zu Spannungen mit Hunk.
Young and Beautiful – Elvis singt diesen Song in der Gefängniszelle. Er ist später im Club La Florita noch einmal zu hören, ebenso am Schluß des Films; *I Want to Be Free* – verständlicher Wunsch des Häftlings Vince Everett, vorgetragen in einer TV-Show namens »Breath of a Nation«; *Don't Leave Me Now* – zweimal gesungen in einem Tonstudio; *Treat Me Nice* – ebenfalls gesungen in einem Tonstudio; *Jailhouse Rock* – Elvis singt diesen Titelsong während der Probe für ein NBC-TV Special; *(You're So Square) Baby, I Don't Care* – Elvis live während einer Party am Swimmingpool; Mickey Shaughnessy singt am Anfang des Films *One More Day*.

KING CREOLE
(Mein Leben ist der Rhythmus) Kino-Start: 2. Juli 1958
Danny Fisher (Elvis Presley), mittellos und ohne High School-Abschluß, arbeitet als Aushilfe in dem Nachtlokal »Blue Shade«. Außerdem schließt er sich einer Jugendbande an, deren Anführer Shark (Vic Morrow) er im Zweikampf besiegt hat. Im Nachtclub »King Creole« bekommt Danny dann die Chance, als Sänger aufzutreten. Mit zunehmendem Erfolg wird er aber in Intrigen und Faustkämpfe verwickelt, die schließlich tödlich enden. – Die Regie führte Michael Curtiz, bekannt durch Kultfilme wie *Casablanca* (1942).
Crawfish – Duett mit einer Straßenverkäuferin (Kitty White) auf einem Balkon; *Steadfast, Loyal and True* – gesungen in einem Nachtclub namens »Gildet Cage«; *Lover Doll* – Elvis zieht mit diesem Song in einem Warenhaus die Aufmerksamkeit auf sich, während Shark, Sal und Dummy diverse Waren stehlen; *Trouble* – live im »Gilded Cage«; *Dixieland Rock* – live im »King Creole«; *Young Dreams* – live im »King Creole«; *New Orleans* – live im »King Creole«; *Hard Headed Woman* – live im »King Creole«; *King Creole* – der Titelsong folgt gleich dem vorigen Lied; *Don't Ask Me Why* – live im »King Creole«; *As Long as I Have You* – das Finale des Films live im »King Creole«; außerdem singen drei schwarze Straßenverkäufer den Song *Turtles, Berries and Gumbo*; Liliane Montevecchi intoniert das Lied *Banana*.

Literaturhinweise

Elvis. Facts und Platten, Rastatt 1988

Ever, Harry S.: *Das war Elvis Presley,* München 1977

Goldmann, Albert (Harry): *Elvis,* New York/Hamburg 1981

Grust, Lothar F. W. und Jeremias Pommer: *Elvis Presley Superstar,* Bergisch-Gladbach 1979

Harper, Betty: *Elvis. Erinnerungen an Elvis Presley in Zeichnungen,* München 1980

Kling, Bernd und Heinz Plehn: *Elvis Presley. Eine illustrierte Dokumentation,* Dreieich 1978

Lohmeyer, Henno: *Elvis-Presley-Report. Eine Dokumentation der Lügen und Legenden, Thesen und Theorien,* Frankfurt/M. u. a. 1978

Mansfield, Rex und Elisabeth: *Elvis in Deutschland, Erinnerungen an die Jahre 1958 bis 1960,* Bamberg 1981

Presley, Priscilla: *Elvis und ich: Die Frau des legendären Stars erzählt,* Bergisch-Gladbach 1986

Preute, Michael und Renate Guldner: *Elvis Presley,* München 1977

Rodger, Mike E.: *Elvis Presley. Eine Biographie mit vollständiger Disco- und Filmographie,* Leer/Ostfriesland 1976

Rodger, Mike E.: *Elvis Presley,* Reinbek b. H. 1978

Seibel, Bernard und Christian Unucka: *Elvis Presley und seine Filme. Ein filmographischer Bildband,* Heckertshausen 1988

Stehn, Jane: *Elvis lebt,* München 1987

Tilgner, Wolfgang: *Elvis Presley,* Berlin 1986

De Vecchio, Peter: *Elvis Presley. Ein Lebensbild,* München 1959

Wallraf, Rainer: *Elvis Presley. Eine Biographie,* München 1977

Bildnachweis

Bettmann Archive: S. 37, 38/39, 48, 65, 73; Collection Christophe L.: S. 50, 55; Culver Pictures: S. 92, 93; Interpress: S. 69, 102/103; Intertopics: S. 79, 104/105, 112; Keystone: S. 168/169; Kobal Collection: S. 47, 75, 76, 77, 91, 94, 95, 98; Michael Ochs Archives: S. 25, 107; Photoselection: S. 53; Popperfoto: S. 99; Süddeutscher Verlag: S. 100/101; Sunset Boulevard: S. 18, 19, 27, 28, 29, 30, 31, 32, 33, 49, 51, 56/57, 58/59, 61, 62/63, 66, 70/71, 80, 81, 85, 87, 97; Verlagsarchiv: S. 2, 21, 23, 35, 41, 42, 43, 44/45, 67, 72, 82, 83, 88, 89, 111.